Impressum
Verlag: BABADADA GmbH, Nedderfeld 112 , 22529 Hamburg
Geschäftsführer / Verlagsleitung: Harald Hof
Druck: Books on Demand GmbH, In de Tarpen 42, 22848 Norderstedt

Imprint
Publisher: BABADADA GmbH, Nedderfeld 112 , 22529 Hamburg, Germany
Managing Director / Publishing direction: Harald Hof
Print: Books on Demand GmbH, In de Tarpen 42, 22848 Norderstedt

# l'école
# škola

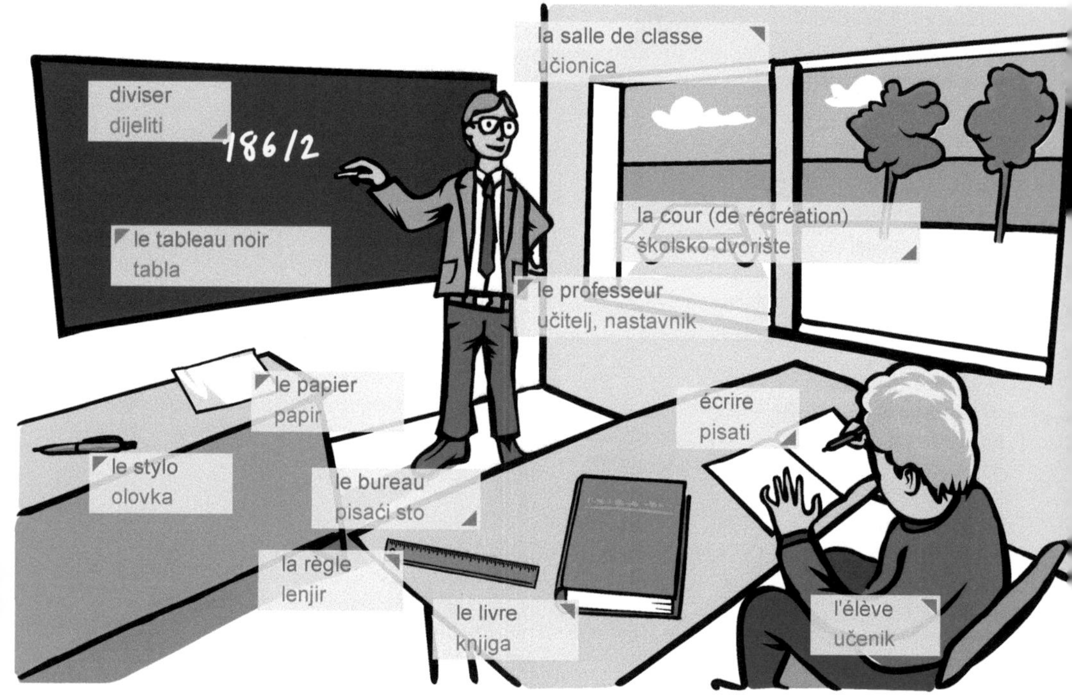
la salle de classe
učionica
diviser
dijeliti
186/2
le tableau noir
tabla
la cour (de récréation)
školsko dvorište
le professeur
učitelj, nastavnik
le papier
papir
écrire
pisati
le stylo
olovka
le bureau
pisaći sto
la règle
lenjir
le livre
knjiga
l'élève
učenik

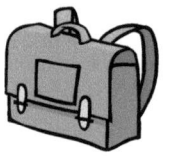

le cartable

torba

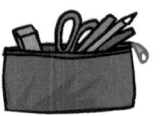

la trousse

pernica

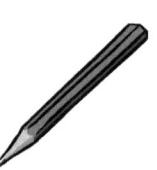

le crayon

drvena olovka

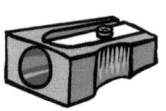

le taille-crayon

šiljalo za olovke

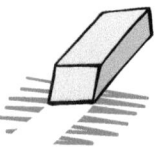

la gomme

gumica

le carnet à dessin

blok za crtanje

le dessin
crtež

le pinceau
kist

la boîte de peinture
kutija s bojama

les ciseaux
makaze

la colle
ljepilo

le cahier d'exercices
vježbanka

les devoirs
domaća zadaća

le chiffre
broj

additionner
sabirati

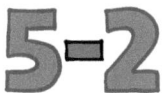

soustraire
oduzimati

multiplier
množiti

calculer
računati

la lettre
slovo

l'alphabet
abeceda

le mot
riječ

le texte

tekst

lire

čitati

la craie

kreda

la leçon

sat

le livre de classe

školski dnevnik

l'examen

ispit

le certificat

svjedočanstvo

l'uniforme scolaire

školska uniforma

la formation

izobrazba

le lexique

leksikon

l'université

univerzitet

le microscope

mikroskop

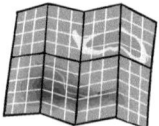

la carte

karta

la corbeille à papier

korpa za papir

# le voyage
# putovanje

l'hôtel
hotel
Grand
l'auberge
hostel
ROOMS
CHANGE
le bureau de change
mjenjačnica
la valise
kofer
la voiture
auto


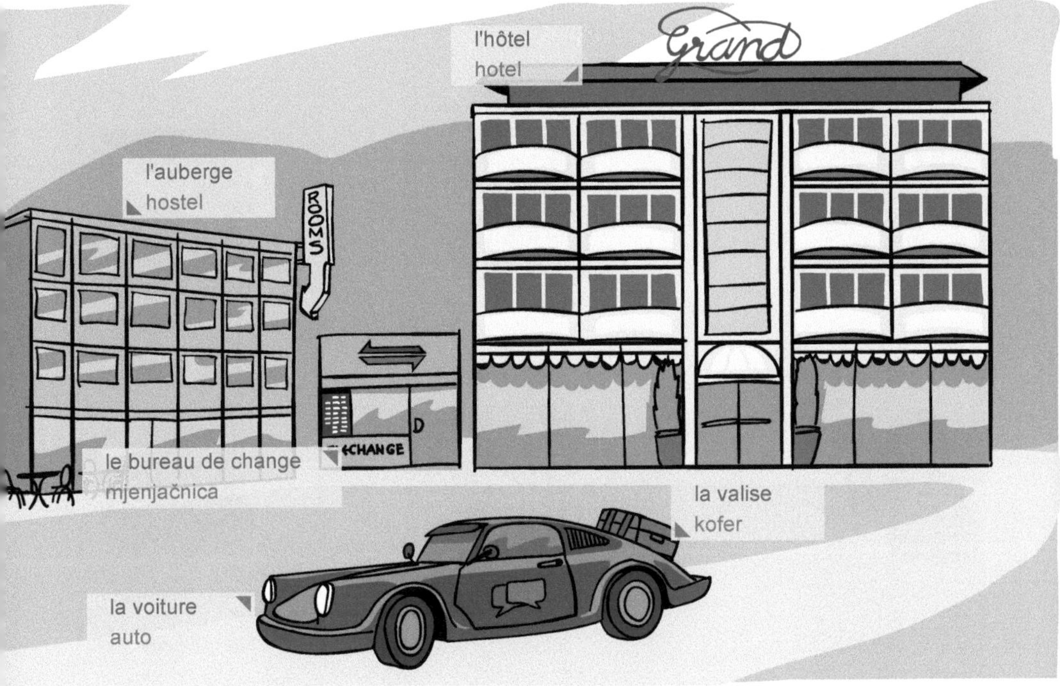

la langue

jezik

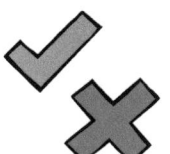

oui / non

da / ne

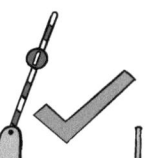

d'accord

okej

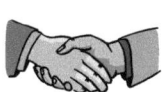

Salut

zdravo

l'interprète

tumač

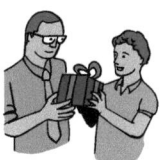

merci

hvala

Combien coûte...?

Koliko košta...?

Je ne comprends pas

Ne razumijem

le problème

problem

Bonsoir !

dobro veče!

Bonjour !

Dobro jutro!

Bonne nuit !

Laku noć!

Au revoir

doviđenja

la direction

smjer

les bagages

prtljag

le sac

torba

le sac-à-dos

ruksak

l'hôte

gost

la pièce

soba

le sac de couchage

vreća za spavanje

la tente

šator

l'office de tourisme

turističke informacije

la plage

plaža

la carte de crédit

kreditna kartica

le petit-déjeuner

doručak

le déjeuner

ručak

le dîner

večera

le billet

putna karta

l'ascenseur

lift

le timbre

poštanska markica

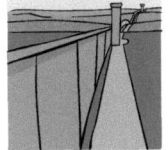

la frontière

granica

la douane

carina

l'ambassade

ambasada

le visa

viza

le passeport

pasoš

# le transport

# transport

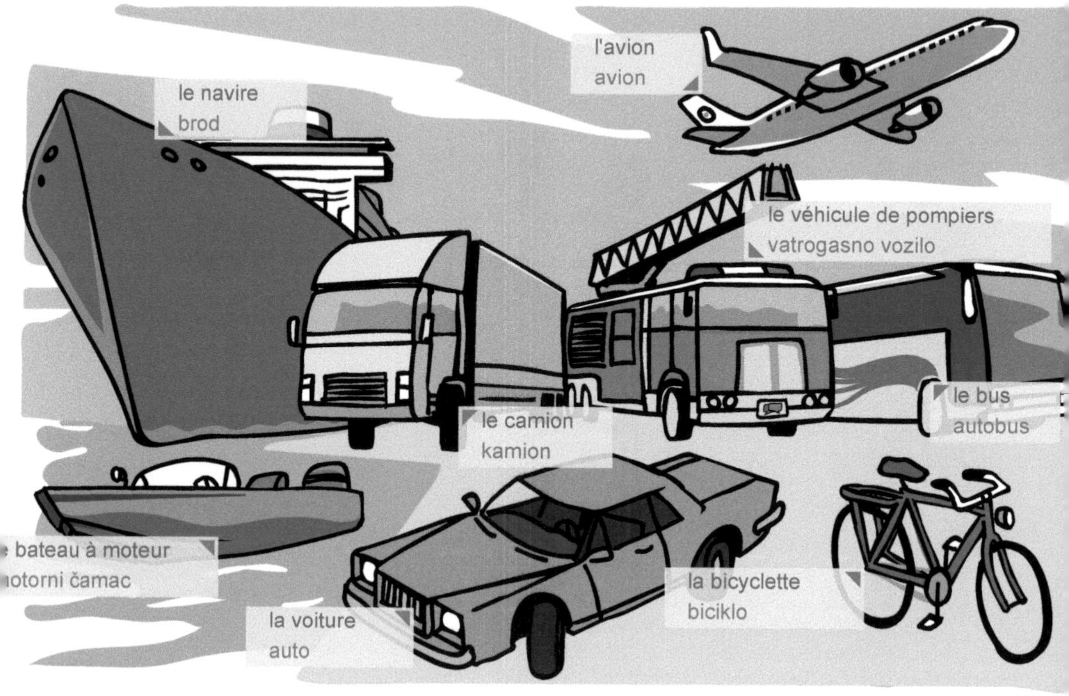
l'avion
avion
le navire
brod
le véhicule de pompiers
vatrogasno vozilo
le bus
autobus
le camion
kamion
bateau à moteur
otorni čamac
la voiture
auto
la bicyclette
biciklo

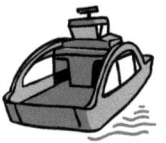

le ferry

trajekt

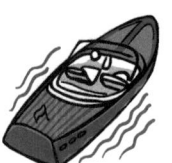

la barque

brod

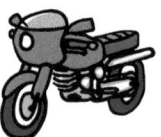

la moto

motocikl

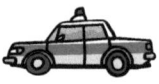

la voiture de police

policijski automobil

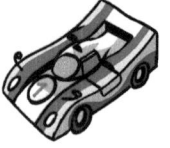

la voiture de course

trkaći automobil

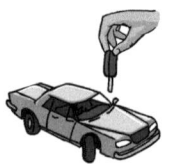

la voiture de location

unajmljeni automobil

l'auto-partage

kar-šering

la voiture de remorquage

pauk

la benne à ordures

smećarsko vozilo

le moteur

motor

l'essence

gorivo

la station d'essence

benzinska pumpa

le panneau indicateur

saobraćajni znak

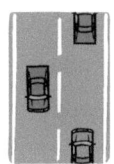

le trafic

saobraćaj

l'embouteillage

zastoj

le parking

parking

la gare

željeznička stanica

les rails

šine

le train

voz

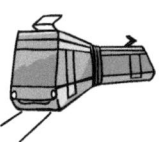

le tramway

tramvaj

le wagon

vagon

l'hélicoptère
helikopter

l'aéroport
aerodrom

la tour
toranj

le passager
putnik

le conteneur
kontejner

le carton
karton

le chariot
tačke

la corbeille
korpa

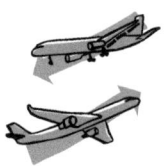

décoller / atterrir
poletjeti / sletjeti

## la ville

## grad

le village
selo

le centre-ville
centar grada

la maison
kuća

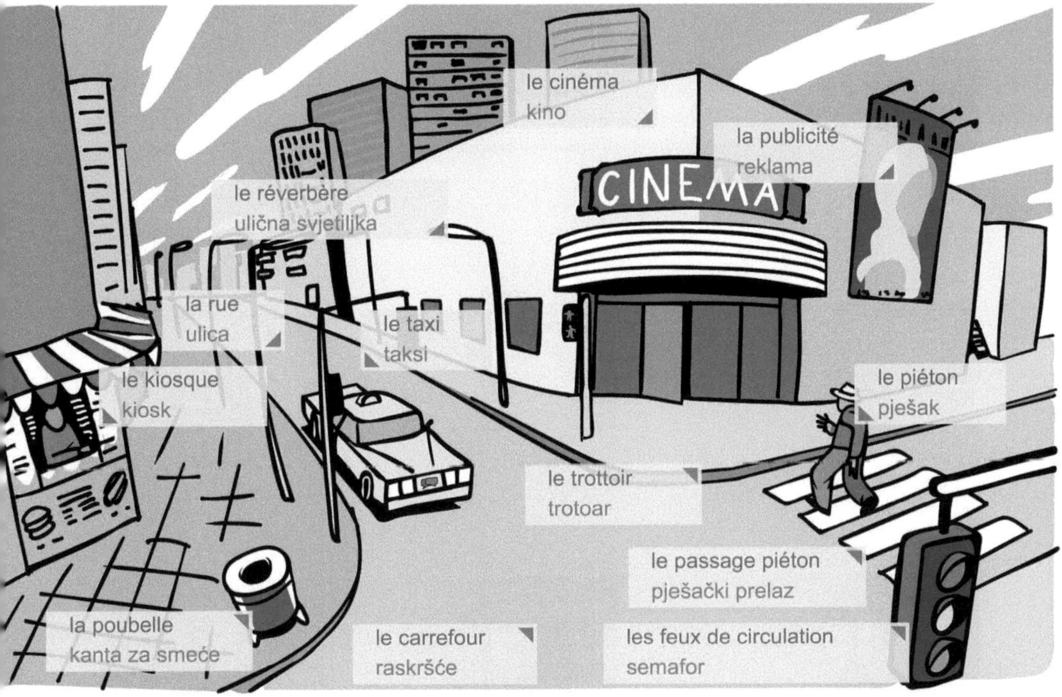

le cinéma
kino

la publicité
reklama

le réverbère
ulična svjetiljka

CINEMA

la rue
ulica

le taxi
taksi

le kiosque
kiosk

le piéton
pješak

le trottoir
trotoar

le passage piéton
pješački prelaz

la poubelle
kanta za smeće

le carrefour
raskršće

les feux de circulation
semafor

la cabane
koliba

l'appartement
stan

la gare
željeznička stanica

la mairie
vjećnica

le musée
muzej

l'école
škola

la ville - grad

l'université

univerzitet

la banque

banka

l'hôpital

bolnica

l'hôtel

hotel

la pharmacie

apoteka

le bureau

ured

la librairie

knjižara

le magasin

radnja

le fleuriste

cvjećara

le supermarché

supermarket

le marché

pijaca

le grand magasin

robna kuća

la poissonnerie

prodavač ribe

le centre commercial

trgovački centar

le port

luka

**le parc**
park

**la banque**
klupa

**le pont**
most

**les escaliers**
stepenice

**le métro**
podzemna željeznica

**le tunnel**
tunel

**l'arrêt de bus**
autobuska stanica

**le bar**
bar

**le restaurant**
restoran

**la boîte à lettres**
poštanski sandučić

**le panneau indicateur**
saobraćajni znak

**le parcmètre**
sat za naplatu parkinga

**le zoo**
zoološki vrt

**le réverbère**
bazen

**la mosquée**
džamija

la ferme
seosko imanje

la pollution
zagađenje okoline

la cimetière
groblje

l'église
crkva

l'aire de jeux
igralište

le temple
hram

# le paysage
# krajolik

la feuille
list

le panneau indicateur
putokaz

le chemin
putokaz

le pré
livada

la pierre
kamen

l'arbre
drvo

le randonneur
putnik

la rivière
rijeka

l'herbe
trava

la fleur
cvijet

la vallée

dolina

la montagne

brdo

le lac

jezero

la forêt

šuma

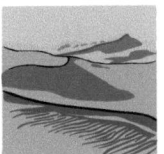

le désert

pustinja

le volcan

vulkan

le château

dvorac

l'arc-en-ciel

duga

le champignon

gljiva

le palmier

palma

le moustique

komarac

la mouche

muha

les fourmis

mrav

l'abeille

pčela

l'araignée

pauk

le coléoptère

buba

la grenouille

žaba

l'écureuil

vjeverica

le hérisson

jež

le lièvre

zec

la chouette

sova

l'oiseau

ptica

le cygne

labud

le sanglier

divlja svinja

le cerf

jelen

l'élan

los

le barrage

brana

l'éolienne

vjetrenjača

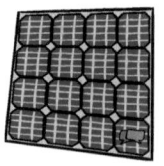

le panneau solaire

solarni modul

le climat

klima

# le restaurant

# restoran

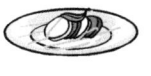

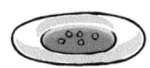

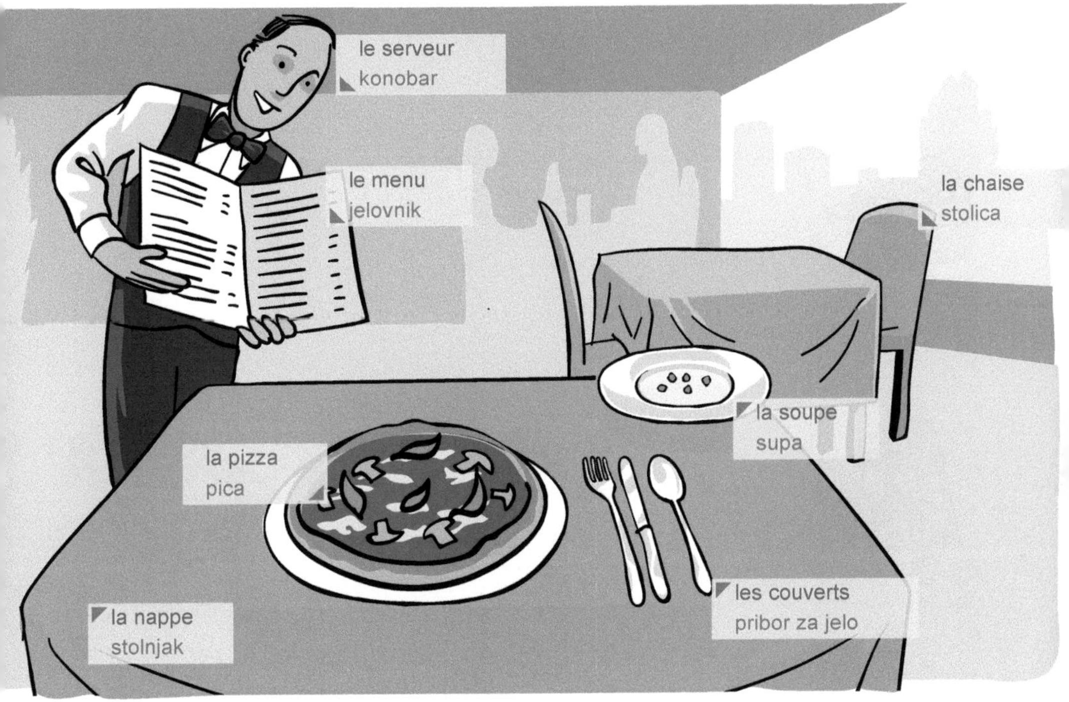
le serveur
konobar
le menu
jelovnik
la chaise
stolica
la soupe
supa
la pizza
pica
les couverts
pribor za jelo
la nappe
stolnjak

les hors d'œuvre

predjelo

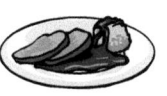

le plat principal

glavno jelo

le dessert

desert

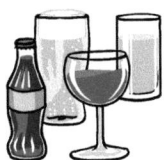

les boissons

piće

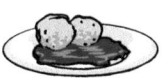

l'alimentation

jelo

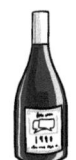

la bouteille

flaša

le fast-food

brza hrana

les plats à emporter

jelo sa ulice

la théière

čajnik

le sucrier

šećernica

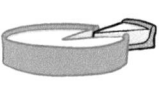

la portion

porcija

la machine à expresso

mašina za espreso

la chaise haute

barska stolica

la facture

račun

le plateau

tacna

le couteau

nož

la fourchette

viljuška

la cuillère

kašika

la cuillère à thé

kašičica

la serviette

salveta

le verre

čaša

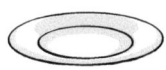

l'assiette
............
tanjir

l'assiette à soupe
............
tanjir za supu

la soucoupe
............
tanjurić

la sauce
............
sos

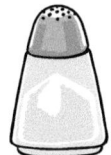

la salière
............
solanik

le moulin à poivre
............
mlin za biber

le vinaigre
............
sirće

l'huile
............
ulje

les épices
............
začini

le ketchup
............
kečap

la moutarde
............
senf

la mayonnaise
............
majoneza

# le supermarché

## supermarket

l'offre promotionnelle
ponuda
FOR
le client
klijent
les produits laitiers
mliječni proizvodi
les fruits
voće
le chariot
kolica za kupovinu


BUTCHERS


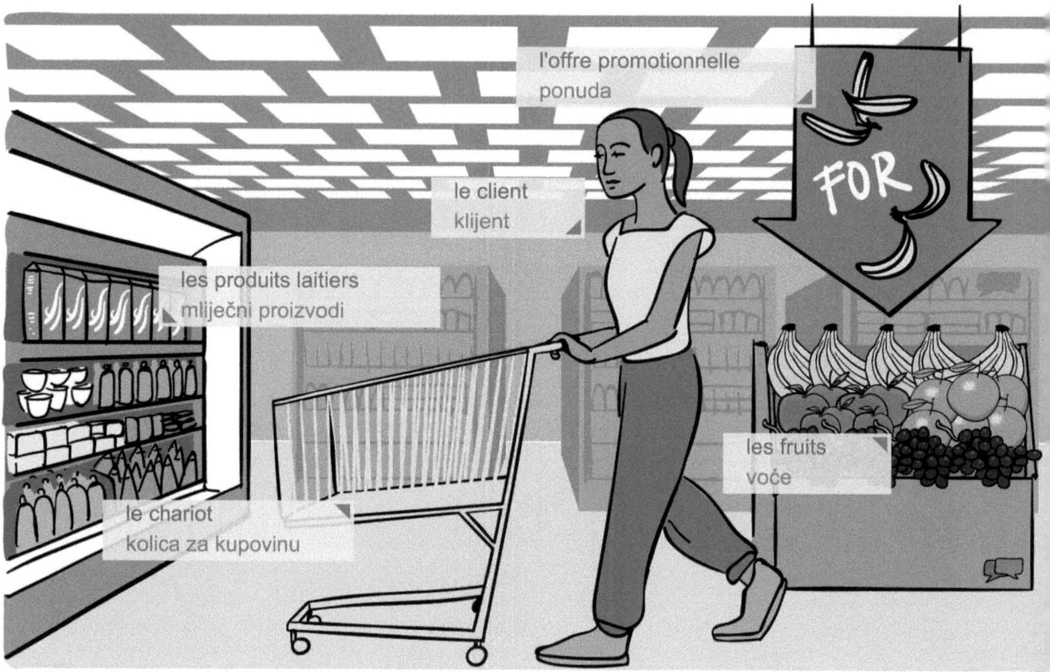

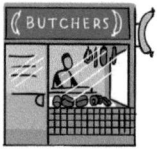

la boucherie

mesnica- klaonica

BAKERY


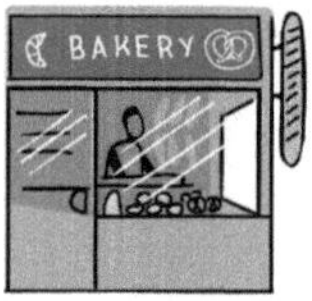

la boulangerie

pekara

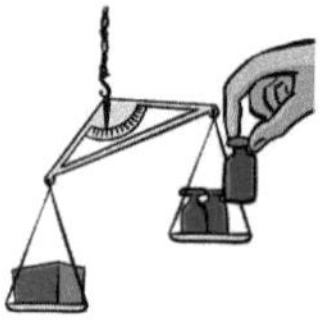

peser

vagati

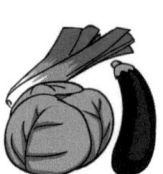

les légumes

povrće

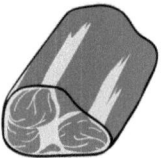

la viande

meso

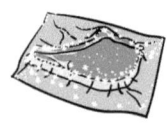

les aliments surgelés

zaleđena hrana

la charcuterie

narezak

les conserves

konzerve

la poudre à lessive

prašak za veš

les bonbons

slatkiši

les articles ménagers

kućanski proizvodi

les détergents

sredstvo za čišćenje

la vendeuse

prodavačica

la caisse

kasa

le caissier

blagajnik

la liste d'achats

lista za kupovinu

les heures d'ouverture

radno vrijeme

le portefeuille

novčanik

la carte de crédit

kreditna kartica

le sac

torba

le sac en plastique

najlonska vrećica

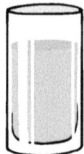

l'eau

voda

le jus de fruit

sok

le lait

mlijeko

le coca

kola

le vin

vino

la bière

pivo

l'alcool

alkohol

le chocolat chaud

kakao

le thé

čaj

le café

kafa

l'expresso

espreso

le cappuccino

kapućino

la banane

banana

la pomme

jabuka

l'orange

narandža

le melon

lubenica

le citron.

limun

la carotte

mrkva

l'ail

bijeli luk

le bambou

bambus

l'oignon

crveni luk

le champignon

gljiva

les noisettes

orašasti plodovi

les pâtes

pasta

les spaghetti

špagete

le riz

riža

la salade

salata

les pommes frites

pomfrit

les pommes de terre rôties

pečeni krompir

la pizza

pica

le hamburger

hamburger

le sandwich

sendvič

l'escalope

šnicla

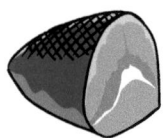

le jambon

šunka

le salami

kobasica

la saucisse

kobasica

le poulet

kokoš

le rôti

pečenje

le poisson

riba

les flocons d'avoine

zobene pahuljice

le muesli

muzli

les cornflakes

kornfleks

la farine

brašno

le croissant

kroason

les petits pains

zemičke

le pain

kruh

le pain grillé

tost

les biscuits

keksi

le beurre

maslac

le fromage blanc

svježi sir

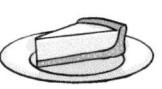

le gâteau

kolač

l'œuf

jaje

l'œuf au plat

jaje na oko

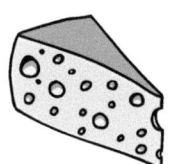

le fromage

sir

la glace

sladoled

le sucre

šećer

le miel

med

la confiture

marmelada

la crème nougat

nugat krema

le curry

kuri

# la ferme
## seosko imanje

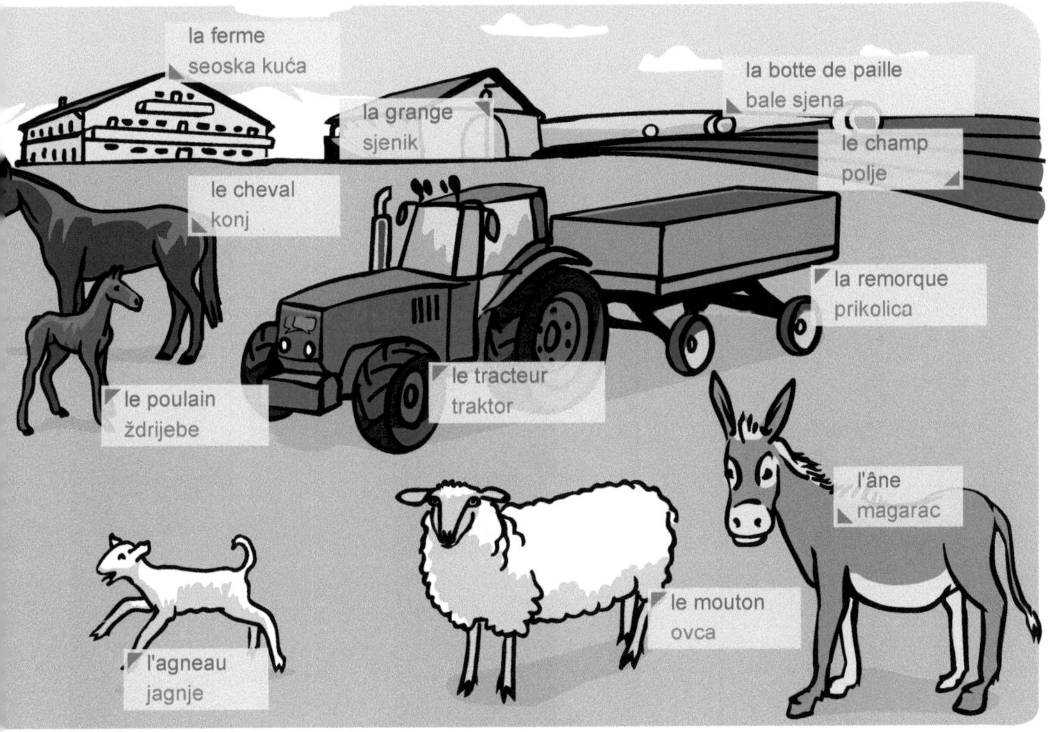
la ferme
seoska kuća
la grange
sjenik
la botte de paille
bale sjena
le champ
polje
le cheval
konj
la remorque
prikolica
le tracteur
traktor
le poulain
ždrijebe
l'âne
magarac
le mouton
ovca
l'agneau
jagnje

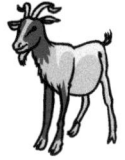

la chèvre

koza

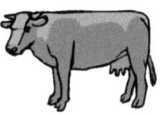

la vache

krava

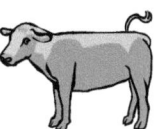

le veau

tele

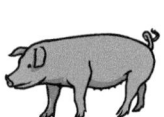

le porc

svinja

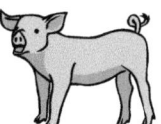

le porcelet

prase

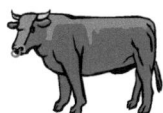

le taureau

bik

l'oie

guska

le canard

patka

le poussin

pile

la poule

kokoška

le coq

pjetao

le rat

pacov

le chat

mačka

la souris

miš

le bœuf

vol

le chien

pas

le chenil

pseća kućica

le tuyau de jardin

crijevo za baštu

l'arrosoir

kanta za zalijevanje

la faucheuse

kosa

la charrue

plug

la faucille

srp

la pioche

motika

la fourche

vile

la hache

sjekira

la brouette

tačke

la cuvc

korito

le pot à lait

bokal za mlijeko

le sac

vreća

la clôture

ograda

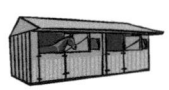

l'étable

štala

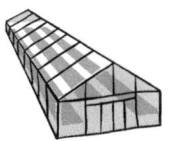

le serre

staklenik

le sol

tlo

les semences

sjeme

l'engrais

đubrivo

la moissonneuse-batteuse

kombajn

récolter

kositi

la récolte

žetva

l'igname

jam korijen

le blé

pšenica

le soja

soja

la pomme de terre

krompir

le maïs

kukuruz

le colza

uljana repica

l'arbre fruitier

drvo voća

le manioc

manioka

les céréales

žito

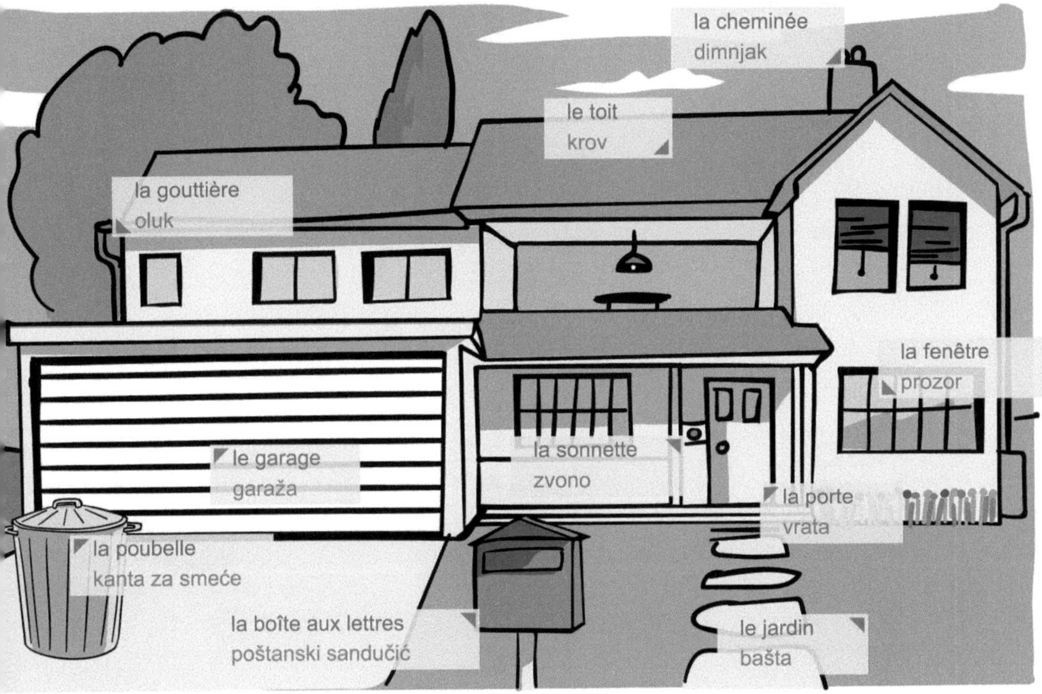

la cheminée
dimnjak

le toit
krov

la gouttière
oluk

la fenêtre
prozor

le garage
garaža

la sonnette
zvono

la porte
vrata

la poubelle
kanta za smeće

la boîte aux lettres
poštanski sandučić

le jardin
bašta

le salon
dnevni boravak

la salle de bain
kupatilo

la cuisine
kuhinja

la chambre à coucher
spavaća soba

la chambre d'enfant
dječija soba

la salle à manger
trpezarija

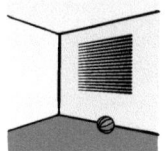

le sol

pod, tlo

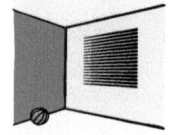

le mur

zid

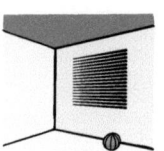

le plafond

plafon

la cave

podrum

le sauna

sauna

le balcon

balkon

la terrasse

terasa

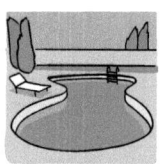

la piscine

bazen

la tondeuse à gazon

kosilica

la housse

posteljina

la couette

pokrivač

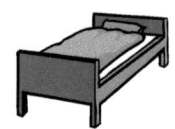

le lit

krevet

le balai

metla

le sceau

kanta

l'interrupteur

prekidač

# le salon
## dnevni boravak

le papier peint
tapeta
l'image
fotografija
la lampe
lampa
l'étagère
polica
l'armoire
ormar
la télé
televizija
la cheminée
dimnjak
la fleur
cvijet
le coussin
jastuk
le sofa
kauč
le vase
vaza
la télécommande
daljinski upravljač


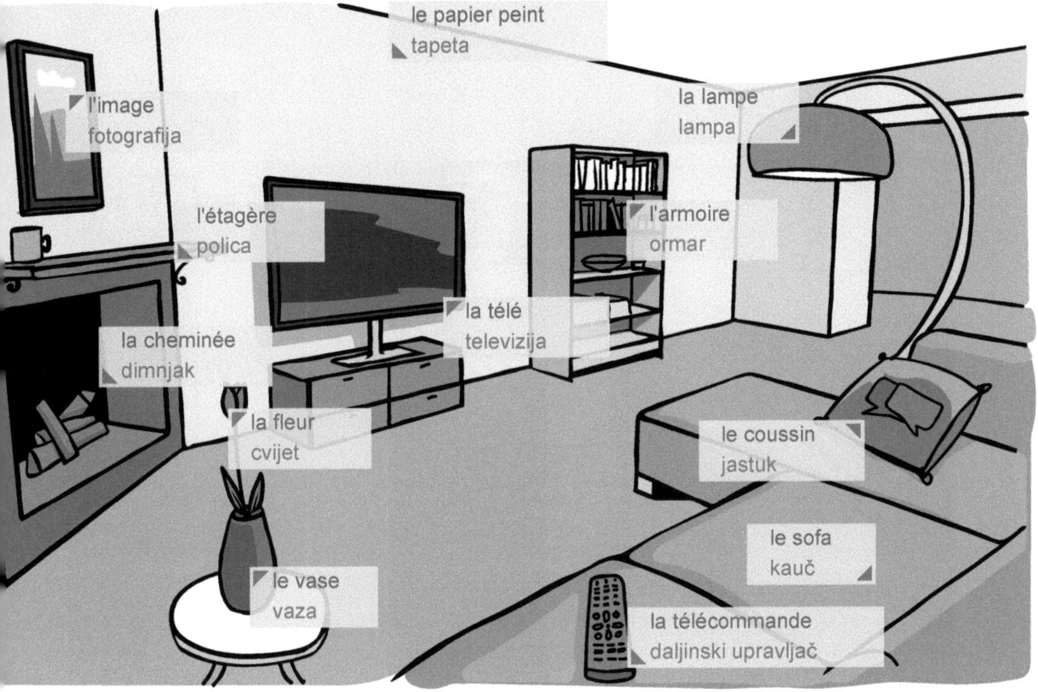

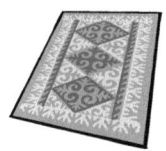

le tapis

tepih

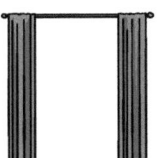

le rideau

zavjesa

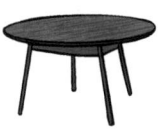

la table

stol

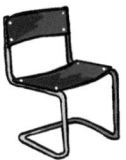

la chaise

stolica

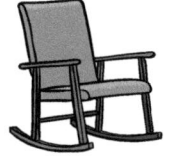

la chaise à bascule

stolica za ljuljanje

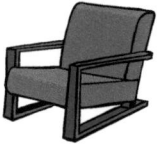

le fauteuil

fotelja

**le livre**

knjiga

**la couverture**

deka

**la décoration**

dekoracija

**le bois de chauffage**

ložno drvo

**le film**

film

**la chaîne hi-fi**

stereo uređaj

**la clé**

ključ

**le journal**

novine

**la peinture**

umjetnička slika

**le poster**

poster

**la radio**

radio

**le bloc-notes**

blok za bilješke

**l'aspirateur**

usisavač

**le cactus**

kaktus

**la bougie**

svijeća

# la cuisine
## kuhinja

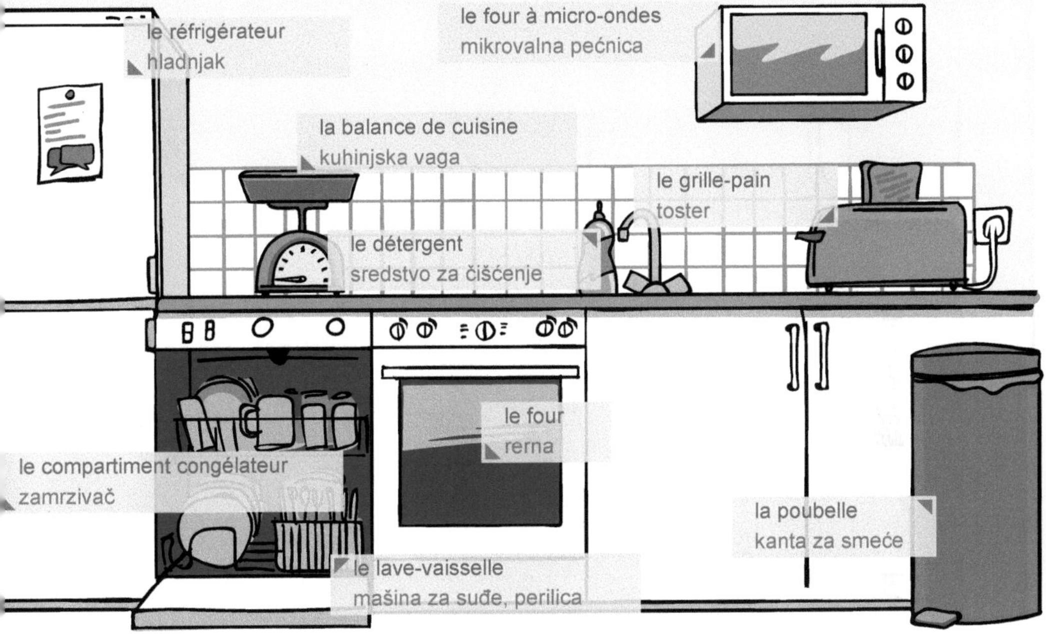

le réfrigérateur
hladnjak
le four à micro-ondes
mikrovalna pećnica
la balance de cuisine
kuhinjska vaga
le grille-pain
toster
le détergent
sredstvo za čišćenje
le four
rerna
le compartiment congélateur
zamrzivač
la poubelle
kanta za smeće
le lave-vaisselle
mašina za suđe, perilica

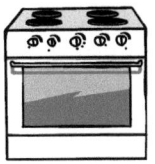

le four
pec̈

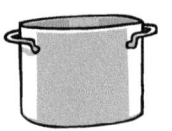

la casserole
lonac

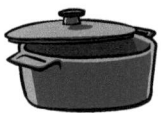

la marmite
metalni lonac

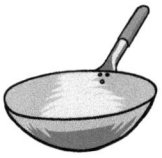

le wok / kadai
vok / kadai

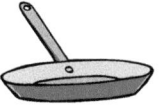

la poêle
tava, tiganj

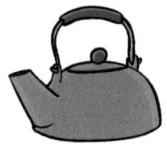

la bouilloire electrique
kuhalo

**le cuiseur vapeur**

aparat za kuhanje na pari

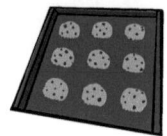

**la plaque de cuisson**

lim za pečenje

**la vaisselle**

posuđe

**le gobelet**

šalica

**la coupe**

činija

**les baguettes**

kineski štapići

**la louche**

kutlača

**la spatule**

lopatica

**le fouet**

metlica za snijeg bjelanjca

**la passoire**

sito za kuhanje

**le tamis**

sito

**la râpe**

ribež

**le mortier**

avan s tučkom

**le barbecue**

roštilj

**la cheminée**

ložište

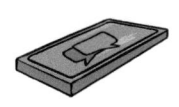

la planche à découper

daska

le rouleau à pâtisserie

oklagija

le tire-bouchon

vadičep

la boîte

konzerva

l'ouvre-boîte

otvarač za konzerve

les maniques

krpe za lonac

le lavabo

sudoper

la brosse

četka

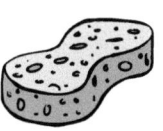

l'éponge

spužva

le mixeur

mikser

le congélateur

zamrzivač

le biberon

flašica za bebu

le robinet

slavina

# la salle de bain
# kupatilo

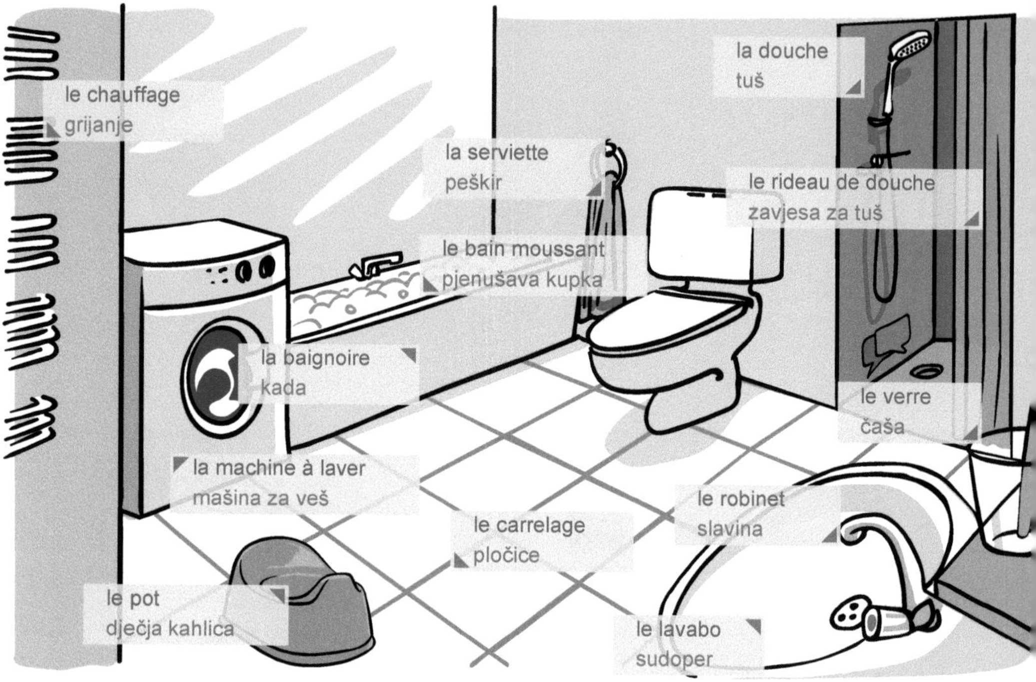
le chauffage
grijanje
la serviette
peškir
la douche
tuš
le rideau de douche
zavjesa za tuš
le bain moussant
pjenušava kupka
la baignoire
kada
le verre
čaša
la machine à laver
mašina za veš
le robinet
slavina
le carrelage
pločice
le pot
dječja kahlica
le lavabo
sudoper

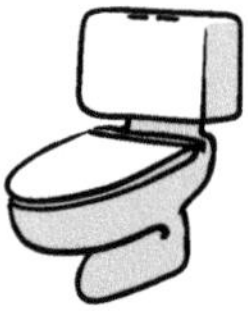

les toilettes

toalet

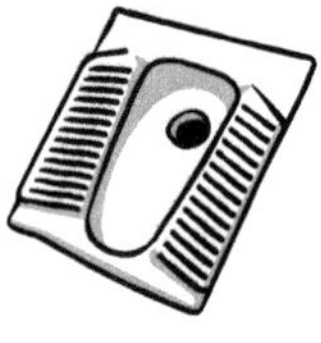

la toilette à la turque

čučavac

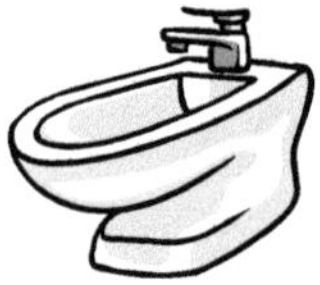

le bidet

bide

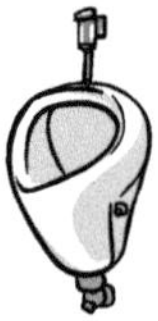

l'urinoir

pisoar

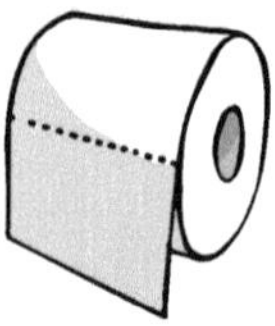

le papier toilette

toalet papir

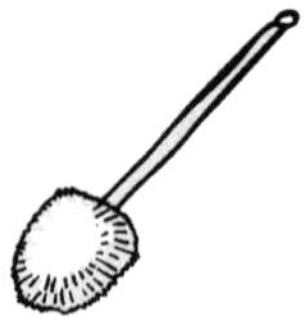

la brosse à toilette

četka za wc

la brosse à dents

četkica za zube

le dentifrice

pasta za zube

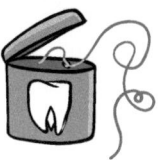

le fil dentaire

zubni konac

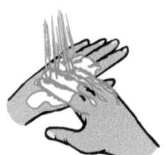

laver

prati

la douche manuelle

tuš

la douche intime

intimni tuš

la vasque

lavor

la brosse dorsale

četka za leđa

le savon

sapun

le gel douche

gel za tuširanje

le shampooing

šampon

le gant de toilette

krpe za pranje

l'écoulement

odvod

la crème

krema

le déodorant

dezodorans

le miroir

ogledalo

le miroir cosmétique

ogledalo za šminkanje

le rasoir

brijač

la mousse à raser

pjena za brijanje

l'après-rasage

vodica poslije brijanja

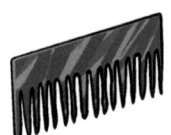

la peigne

češalj

la brosse

četka

le sèche-cheveux

fen

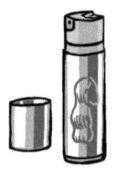

la laque pour cheveux

sprej za kosu

le fond de teint

puder

le rouge à lèvres

karmin

le vernis à ongles

lak za nokte

l'ouate

vata

le coupe-ongles

makazice za nokte

le parfum

parfem

la trousse de toilette

kozmetička torbica

le tabouret

hoklica

le pèse-personne

vaga

le peignoir

kupaći ogrtač

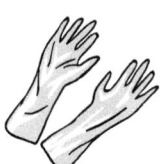

les gants de nettoyage

rukavice za čišćenje

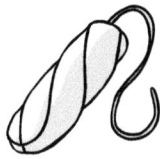

le tampon

tampon

es serviettes hygiéniques

uložak za dame

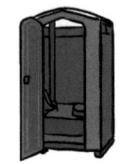

la toilette chimique

hemijski toalet

# la chambre d'enfant
## dječija soba

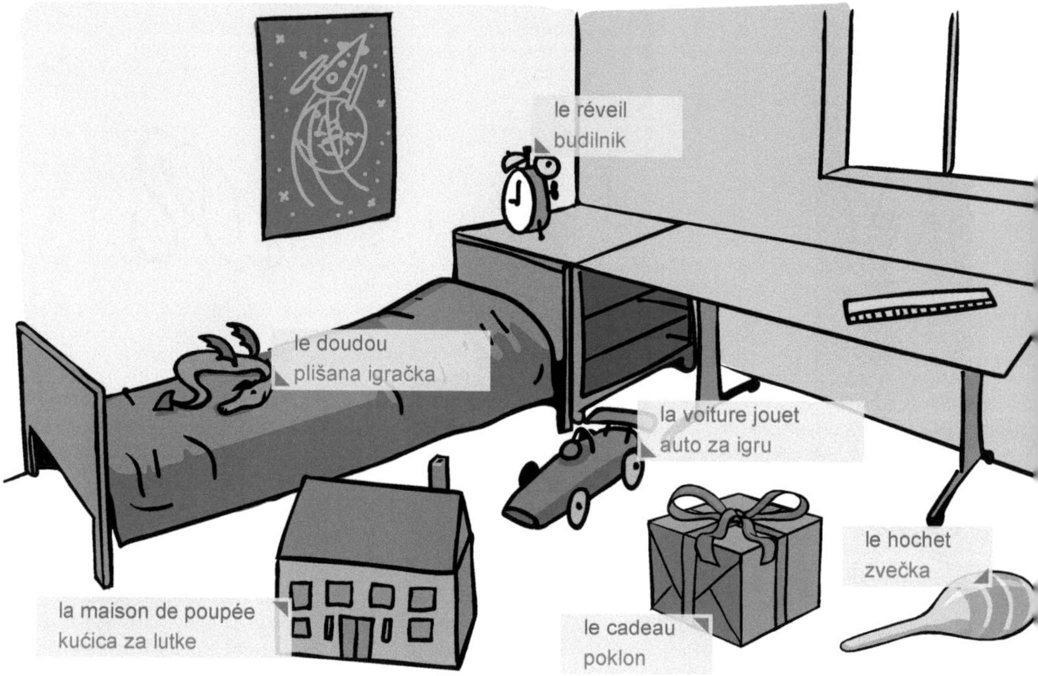

le réveil
budilnik
le doudou
plišana igračka
la voiture jouet
auto za igru
le hochet
zvečka
la maison de poupée
kućica za lutke
le cadeau
poklon

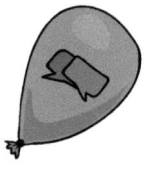

le ballon
balon

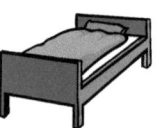

le lit
krevet

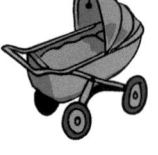

la poussette
kolica za djecu

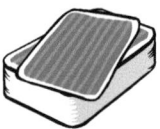

le jeu de cartes
karte za igranje

le puzzle
puzle

SUPER MEGA

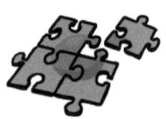

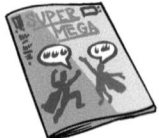

la bande dessinée
strip

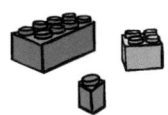

les pièces lego

lego kockice

les blocs de construction

kockice za gradnju

la figurine

akcione figure

la grenouillère

benkica

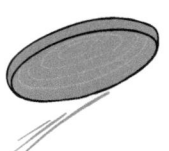

le frisbee

frizbi

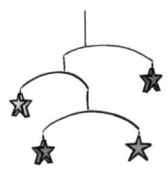

le mobile

mobile

le jeu de société

igra na ploči

le dé

kocka

le train miniature

miniatura željeznice

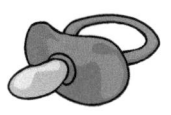

la sucette

cucla

la fête

zabava

le livre d'images

slikovnica

la balle

lopta

la poupée

lutka

jouer

igrati

le bac à sable

pješćanik

la balançoire

ljuljačka

les jouets

igračke

la console de jeu

konzola za igru

le tricycle

triciklo

l'ours en peluche

medvjedić

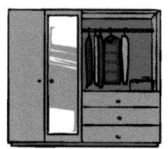

l'armoire

ormar

## les vêtements
## odjeća

les chaussettes

kratke čarape

les bas

čarape

le collant

hulahopke

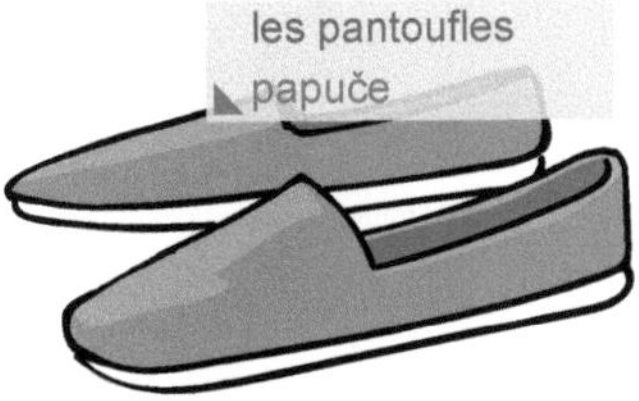

l'écharpe
šal

le parapluie
kišobran

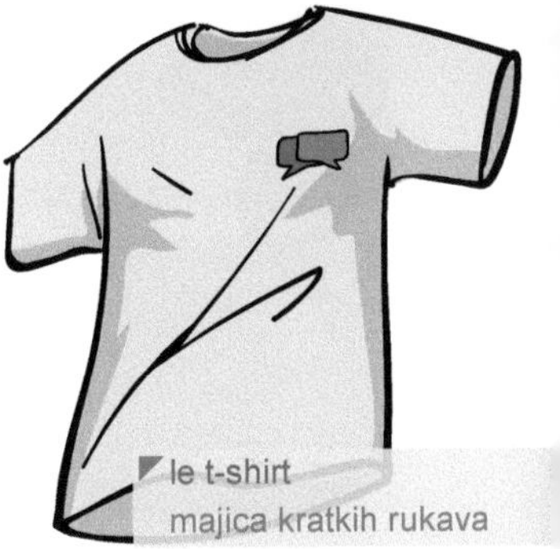

le t-shirt
majica kratkih rukava

la ceinture
kaiš

les bottes
čizme

les pantoufles
papuče

les baskets
patike

les sandales
............
sandale

les chaussures
............
cipele

les bottes de caoutchouc
............
gumene čizme

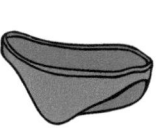

les sous-vêtements
............
gaće

le soutien-gorge
............
grudnjak

le maillot de corps
............
potkošulja

les vêtements - odjeća

le body

bodi

le pantalon

hlače

le jean

farmerke

la jupe

suknja

le chemisier

bluza

la chemise

košulja

le pull

džemper

le sweat à capuche

majica

la veste

sako

la veste

jakna

le manteau

mantil

l'imperméable

kišni mantil

le costume

kostim

la robe

haljina

la robe de mariée

vjenčanica

le costume

odijelo

la chemise de nuit

spavaćica

le pyjama

pidžama

le sari

sari

le foulard

marama

le turban

turban

la burqa

burka

le caftan

kaftan

l'abaya

abaja

le maillot de bain

kupaći kostim

le maillot de bain

kupaće gaće

le short

kratke hlače

la tenue d'entraînement

trenerka

le tablier

pregača

les gants

rukavice

les vêtements - odjeća

le bouton

dugme

les lunettes

naočare

le bracelet

narukvica

le collier

ogrlica

la bague

prsten

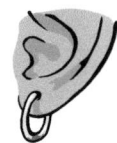

la boucle d'oreille

naušnica

le bonnet

kapa

le cintre

vješalica

le chapeau

šešir

la cravate

kravata

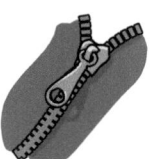

la fermeture éclair

patentni zatvarač

le casque

kaciga

les bretelles

tregeri za hlače

l'uniforme scolaire

školska uniforma

l'uniforme

uniforma

le bavoir

podbradak

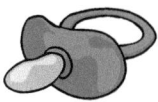

la sucette

cucla

la lange

pelene

## le bureau

### ured

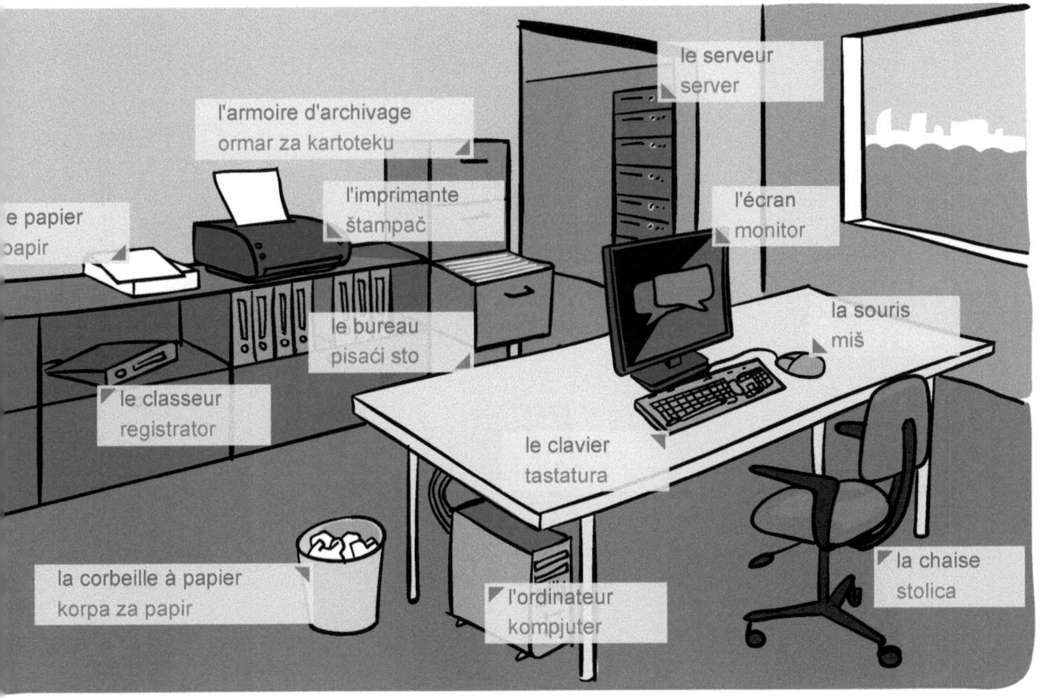

le serveur
server

l'armoire d'archivage
ormar za kartoteku

l'imprimante
štampač

l'écran
monitor

e papier
apir

le bureau
pisaći sto

la souris
miš

le classeur
registrator

le clavier
tastatura

la corbeille à papier
korpa za papir

l'ordinateur
kompjuter

la chaise
stolica

la tasse de café

šolja za kafu

la calculatrice

kalkulator

l'internet

internet

l'ordinateur portable
laptop

la lettre
pismo

le message
poruka

le portable
mobilni telefon

le réseau
mreža

la photocopieuse
aparat za kopiranje

le logiciel
softver

le téléphone
telefon

la prise
utičnica

le fax
faks

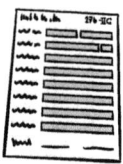

le formulaire
formular

le document
dokument

acheter

kupovati

payer

platiti

faire du commerce

trgovati

la monnaie

novac

le dollar

dolar

l'euro

euro

le yen

jen

le rouble

rublja

le franc suisse

franak

le renminbi yuan

renminbi jen

la roupie

rupi

le distributeur automatique

bankomat

le bureau de change

mjenjačnica

l'or

zlato

l'argent

srebro

le pétrole

nafta

l'énergie

energija

le prix

cijena

le contrat

ugovor

la taxe

porez

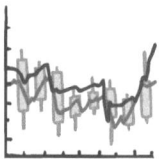

l'action

akcija

travailler

raditi

l'employé

službenik

l'employeur

poslodavac

l'usine

fabrika

le magasin

radnja

# les professions
## zanimanja

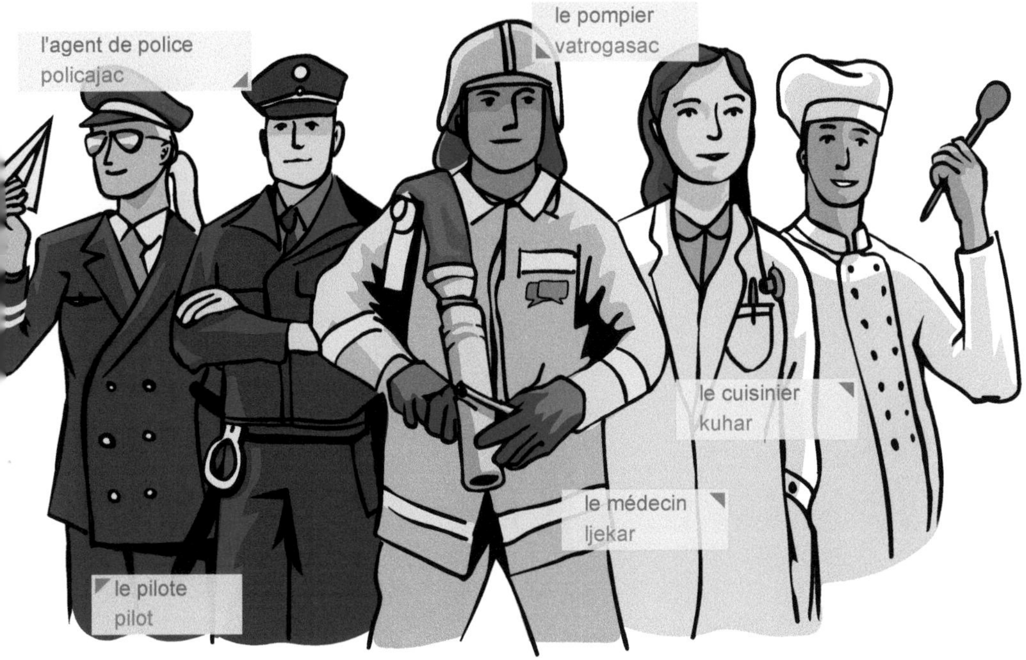
l'agent de police
policajac
le pompier
vatrogasac
le cuisinier
kuhar
le médecin
ljekar
le pilote
pilot

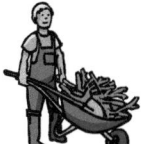

le jardinier

baštovan

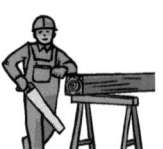

le menuisier

stolar

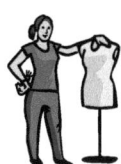

la couturière

krojačica

le juge

sudija

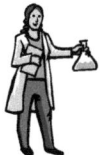

le chimiste

hemičar

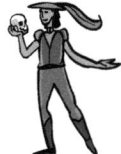

l'acteur

glumac

le conducteur de bus

vozač autobusa

le chauffeur de taxi

vozač taksija

le pêcheur

ribar

la femme de ménage

čistačica

le couvreur

krovopokrivač

le serveur

konobar

le chasseur

lovac

le peintre

moler

le boulanger

pekar

l'électricien

električar

l'ouvrier

građevinski radnik

l'ingénieur

inženjer

le boucher

koljač

le plombier

limar, vodoinstalater

le facteur

poštar

le soldat
vojnik

l'architecte
arhitekta

le caissier
blagajnik

le fleuriste
cvjećar

le coiffeur
frizer

le contrôleur
kontrolor

le mécanicien
mehaničar

le capitaine
kapiten

le dentiste
zubar

le scientifique
naučnik

le rabbin
rabin

l'imam
imam

le moine
monah

le prêtre
sveštenik

# les outils

## alat

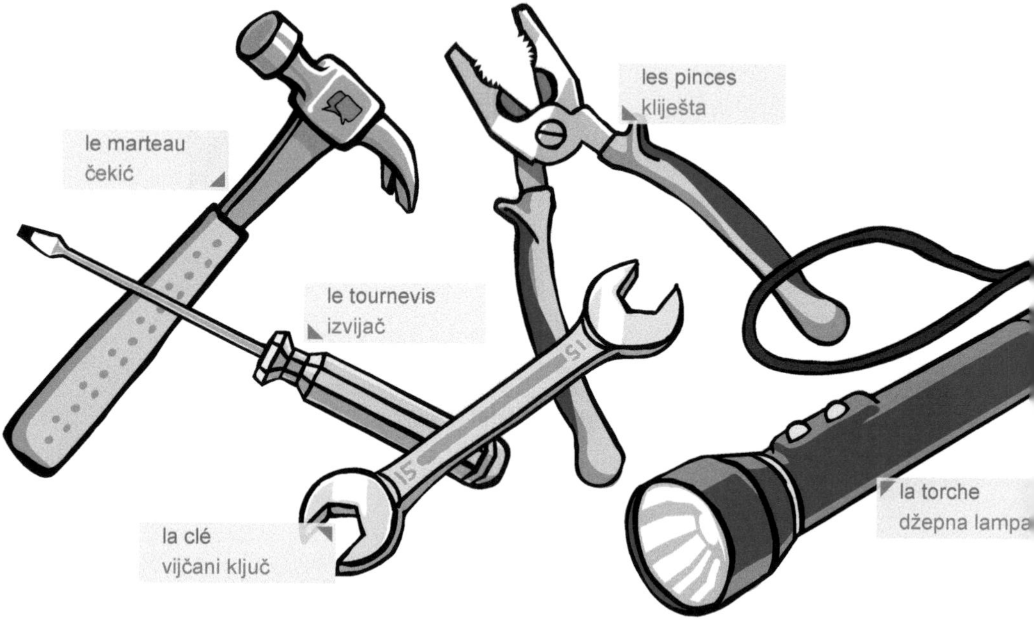

le marteau
čekić

les pinces
kliješta

le tournevis
izvijač

la clé
vijčani ključ

la torche
džepna lampa

la pelleteuse

bager

la boîte à outils

kutija sa alatom

l'échelle

ljestve

la scie

testera, pila

les clous

ekser

la perceuse

bušilica

réparer

popraviti

la pelle

lopata

Mince !

sranje!

la pelle

lopatica

le pot de peinture

kanta boje

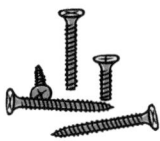

les vis

vijak

# les instruments de musique
## muzički instrumenti

le haut-parleurs
zvučnik

la batterie
bubnjevi

la guitare
gitara

la contrebasse
kontrabas

la trompette
truba

le piano

klavir

le violon

violina

la basse

bas

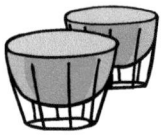

les timbales

bubanj timpani

le tambour

bubanj

le piano électrique

sintisajzer

le saxophone

saksofon

la flûte

flauta

le microphone

mikrofon

# le zoo

## zološki vrt

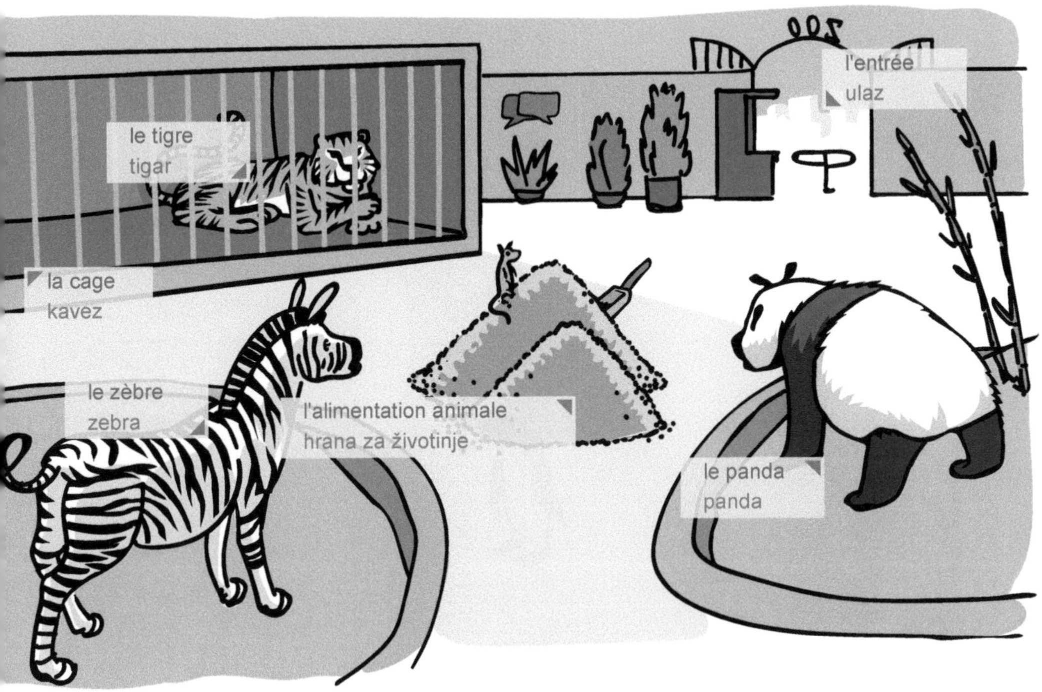
l'entrée
ulaz
le tigre
tigar
la cage
kavez
le zèbre
zebra
l'alimentation animale
hrana za životinje
le panda
panda

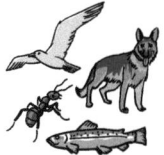

les animaux

životinje

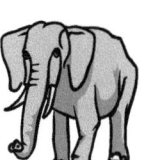

l'éléphant

slon

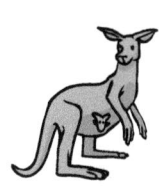

le kangourou

kengur

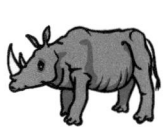

le rhinocéros

nosorog

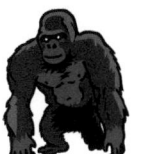

le gorille

gorila

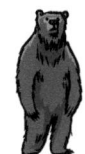

l'ours

medvjed

le chameau

kamila

l'autruche

noj

le lion

lav

le singe

majmun

le flamand rose

flamingo

le perroquet

papagaj

l'ours polaire

polarni medvjed

le pingouin

pingvin

le requin

morski pas

le paon

paun

le serpent

zmija

le crocodile

krokodil

le gardien de zoo

čuvar u zološkom vrtu

le phoque

tuljan

le jaguar

jaguar

le zoo - zoološki vrt

le poney

poni

le léopard

leopard

l'hippopotame

nilski konj

la girafe

žirafa

l'aigle

orao

le sanglier

divlja svinja

le poisson

riba

la tortue

kornjača

le morse

morž

le renard

lisica

la gazelle

gazela

l'american Football
američki fudbal

le cyclisme
vožnja bicikla

le tennis
tenis

le basket-ball
košarka

la natation
plivanje

la boxe
boks

le hockey sur glace
hokej na ledu

le football
fudbal

le badminton
bedminton

l'athlétisme
laka atletika

le handball
rukomet

le ski
skijanje

le polo
polo

# les activités
# aktivnosti

rire
smijati se
sauter
skakati
embrasser
zagrliti
marcher
ići
chanter
pjevati
rêver
sanjati
prier
moliti
faire la bise
ljubiti

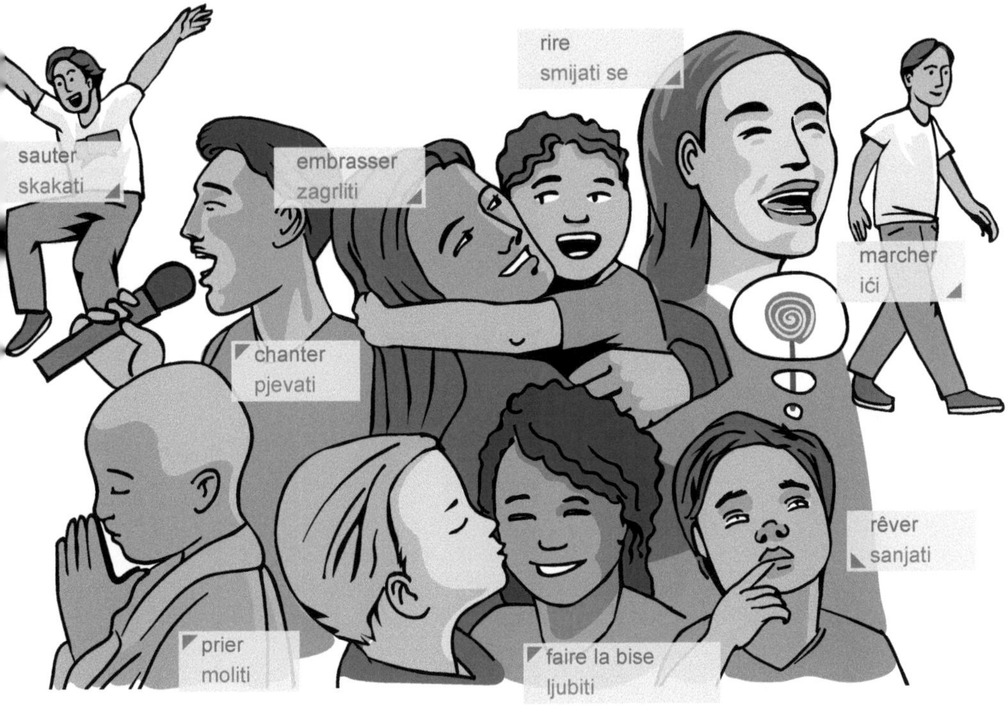

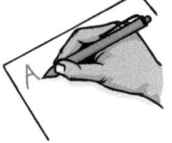

écrire

pisati

dessiner

crtati

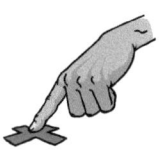

montrer

pokazati

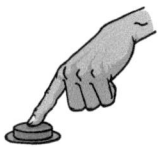

pousser

gurati

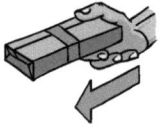

donner

dati

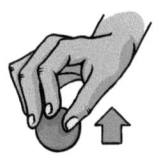

prendre

uzeti

avoir

imati

faire

raditi

être

biti

être debout

stajati

courir

trčati

trier

vući

jeter

baciti

tomber

pasti

être couché

ležati

attendre

čekati

porter

nositi

être assis

sjediti

s'habiller

obući

dormir

spavati

se réveiller

probuditi

regarder

pogledati

pleurer

plakati

caresser

milovati

peigner

češljati

parler

govoriti

comprendre

razumjeti

demander

pitati

écouter

slušati

boire

piti

manger

jesti

ranger

pospremiti

aimer

voljeti

cuire

kuhati

conduire

voziti

voler

letjeti

faire de la voile

jedriti

calculer

računati

lire

čitati

apprendre

učiti

travailler

raditi

se marier

vjenčavti

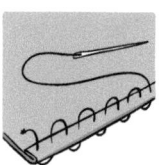

coudre

šiti

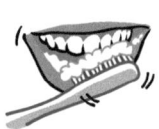

brosser les dents

prati zube

tuer

ubiti

fumer

pušiti

envoyer

slati

rand-mère
.a

le grand-père
djed

le père
otac

le bébé
beba

la mère
majka

la fille
kćerka

le fils
sin

l'hôte
gost

la tante
ujna, tetka, strina

l'oncle
ujak, tetak, stric

le frère
brat

la sœur
sestra

# le corps
## tijelo

le front
čelo
l'œil
oko
l'épaule
leđa
le doigt
prst
le visage
lice
le menton
brada
la main
ruka, šaka
la poitrine
grudi
la jambe
noga
le bras
ruka


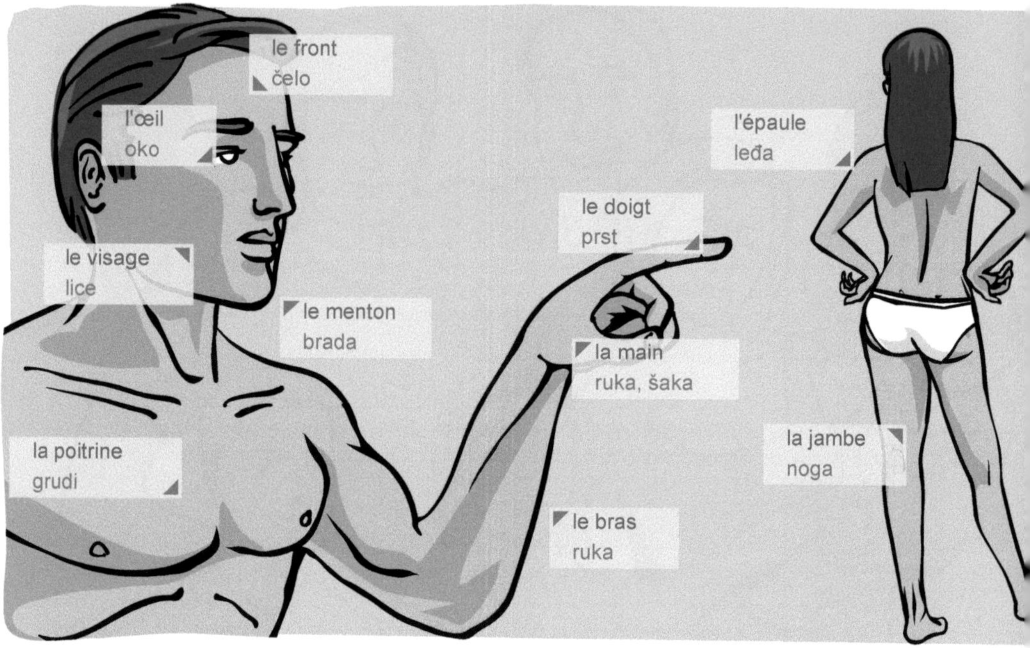

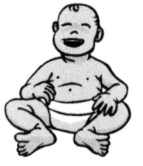

le bébé
beba

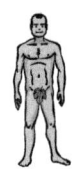

l'homme
muškarac

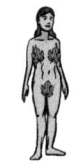

la femme
žena

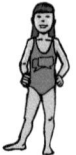

la fille
djevojčica

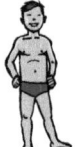

le garçon
dječak

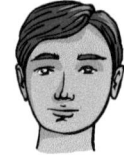

la tête
glava

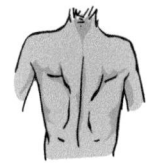

le dos

leđa

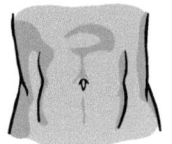

le ventre

stomak

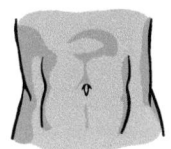

le nombril

pupak

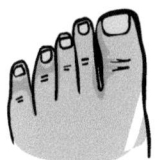

l'orteil

nožni prst

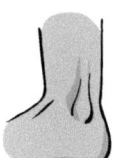

le talon

peta

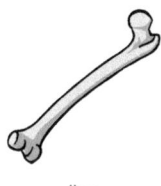

l'os

kosti

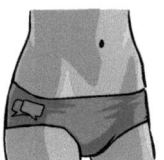

la hanche

kuk

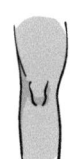

le genou

koljeno

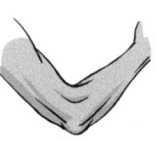

le coude

lakat

le nez

nos

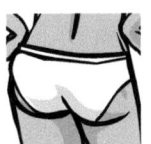

les fesses

stražnjica

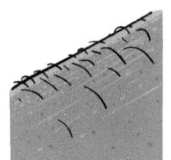

la peau

koža

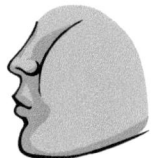

la joue

obraz

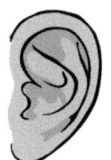

l'oreille

uho

la lèvre

usna

la bouche
usta

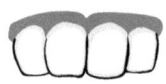

la dent
zub

la langue
jezik

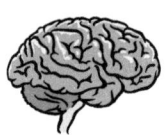

le cerveau
mozak

le cœur
srce

le muscle
mišić

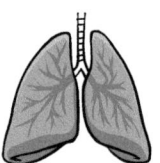

les poumons
pluća

le foie
jetra

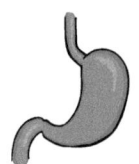

l'estomac
želudac

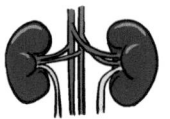

les reins
bubreg

le rapport sexuel
spolni odnos

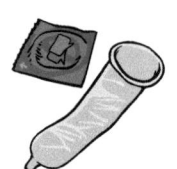

le préservatif
kondom

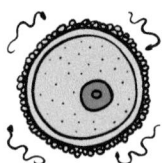

l'ovule
jajna ćelija

le sperme
sperma

la grossesse
trudnoća

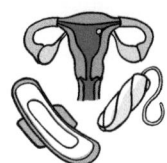

la menstruation

menstruacija

le vagin

vagina

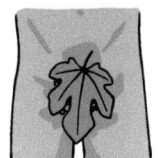

le pénis

penis

le sourcil

obrva

les cheveux

kosa

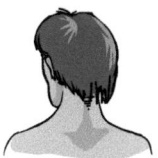

le cou

vrat

# l'hôpital
# bolnica

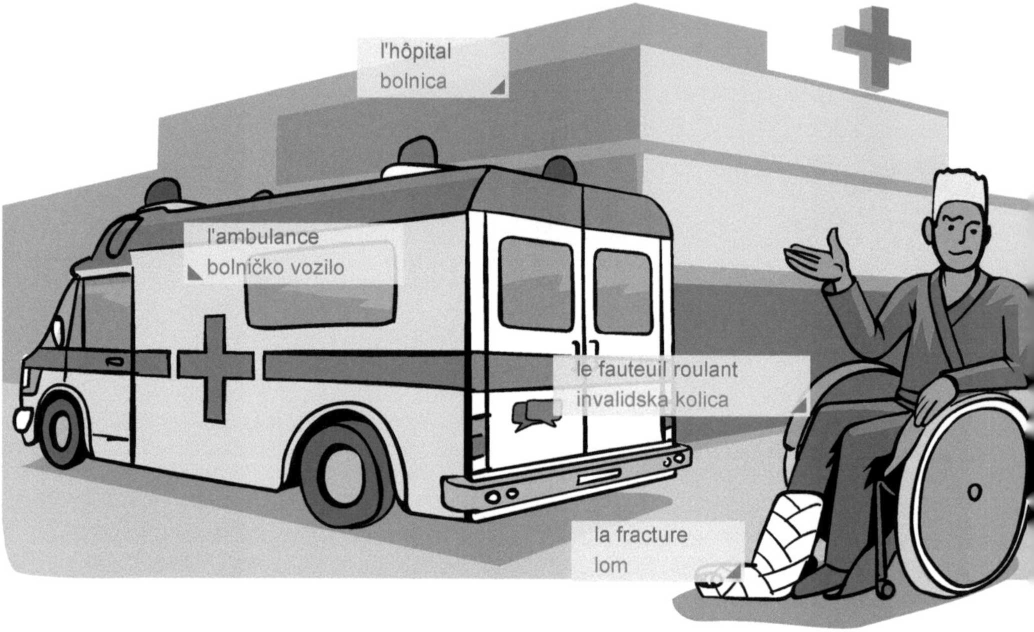

l'hôpital
bolnica
l'ambulance
bolničko vozilo
le fauteuil roulant
invalidska kolica
la fracture
lom


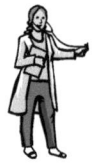

le médecin

ljekar

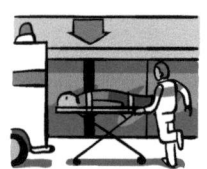

le service des urgences

hitna služba

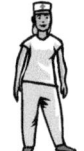

l'infirmière

medicinska sestra

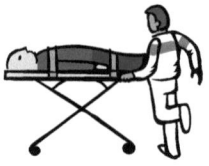

l'urgence

hitna pomoć

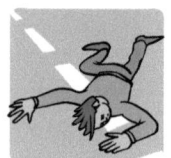

inconscient

nesvjest

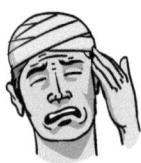

la douleur

bol

la blessure

povreda

l'hémorragie

krvarenje

la crise cardiaque

srčani udar, infarkt

l'attaque cérébrale

moždani udar

l'allergie

alergija

la toux

kašalj

la fièvre

groznica

la grippe

gripa

la diarrhée

proljev

le mal de tête

glavobolja

le cancer

rak

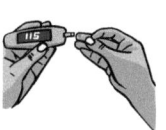

le diabète

dijabetes

le chirurgien

hirurg

le scalpel

skalpel

l'opération

operacija

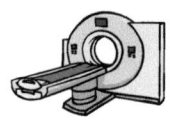

le CT

CT

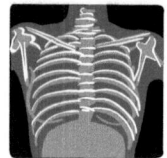

la radiographie

rendgen

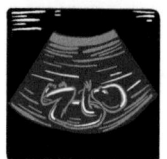

l'échographie

ultrazvuk

le masque

maska

la maladie

bolest

la salle d'attente

čekaonica

la béquille

štake

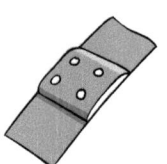

le pansement

flaster

le pansement

zavoj

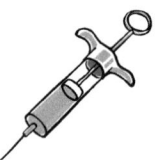

l'injection

injekcija

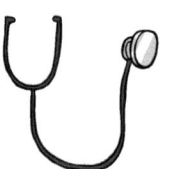

le stéthoscope

stetoskop

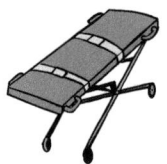

le brancard

nosilo

le thermomètre

termometar

l'accouchement

porod

la surcharge pondérale

prekomjerna težina, debljina

l'appareil auditif

slušni aparat

le désinfectant

sredstvo za dezinfekciju

l'infection

infekcija

le virus

virus

le VIH / le sida

HIV/ AIDS

le médicament

medicina

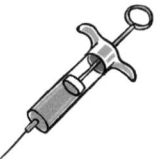

la vaccination

vakcinacija

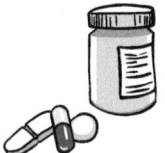

les comprimés

tablete

la pilule

pilula

l'appel d'urgence

hitni poziv

le tensiomètre

aparat za mjerenje pritiska

malade / sain

bolestan / zdrav

l'hôpital - bolnica

Au secours !

Upomoć!

l'alarme

alarm

l'assaut

napad, prepad

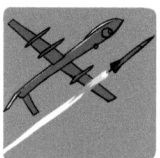

l'attaque

napad

le danger

opasnost

la sortie de secours

izlaz u slučaju opasnosti

Au feu!

Požar!

l'extincteur

vatrogasni aparat

l'accident

nezgoda

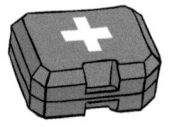

la trousse de premier
secours

torba prve pomoći

SOS

SOS

la police

policija

l'Europe

Europa

l'Amérique du Nord

Sjeverna Amerika

l'Amérique du Sud

Južna Amerika

l'Afrique

Afrika

l'Asie

Azija

l'Australie

Australija

l'Océan atlantique

Atlantik

l'Océan pacifique

Pacifik

l'Océan indien

Indijski okean

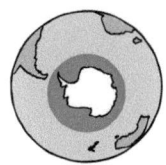

l'Océan antarctique

Antarktički okean

l'Océan arctique

Arktički okean

le Pôle nord

Sjeverni pol

le Pôle sud

Južni pol

l'Antarctique

Antarktik

la terre

Zemlja

le pays

zemlja

la mer

more

l'île

ostrvo

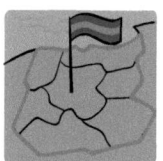

la nation

nacija

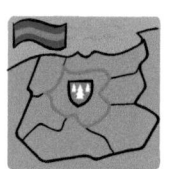

l'état

država

le cadran

brojčanik sata

l'aiguille des heures

kazaljka sata

l'aiguille des minutes

kazaljka minute

'aiguille des secondes

kazaljka sekunde

Quelle heure est-il ?

Koliko je sati?

le jour

dan

le temps

vrijeme

maintenant

sada

la montre digitale

digitalni sat

la minute

minuta

l'heure

sat

# la semaine
## sedmica, nedjelja

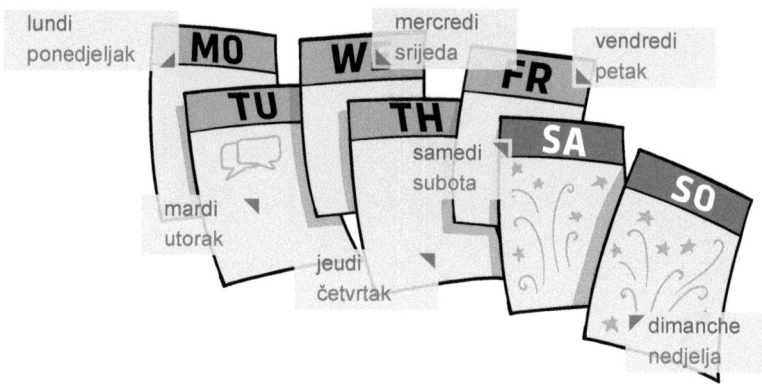

lundi
ponedjeljak

mercredi
srijeda

vendredi
petak

mardi
utorak

jeudi
četvrtak

samedi
subota

dimanche
nedjelja

hier

juče

aujourd'hui

danas

demain

sutra

le matin

jutro

le midi

podne

le soir

veče

les jours ouvrables

radni dani

le week-end

vikend

# l'année
# godina

l'arc-en-ciel
duga
la pluie
kiša
la neige
snijeg
le vent
vjetar
le printemps
proljeće
l'automne
jesen
l'été
ljeto
l'hiver
zima

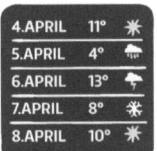

4.APRIL 11°
5.APRIL 4°
6.APRIL 13°
7.APRIL 8°
8.APRIL 10°

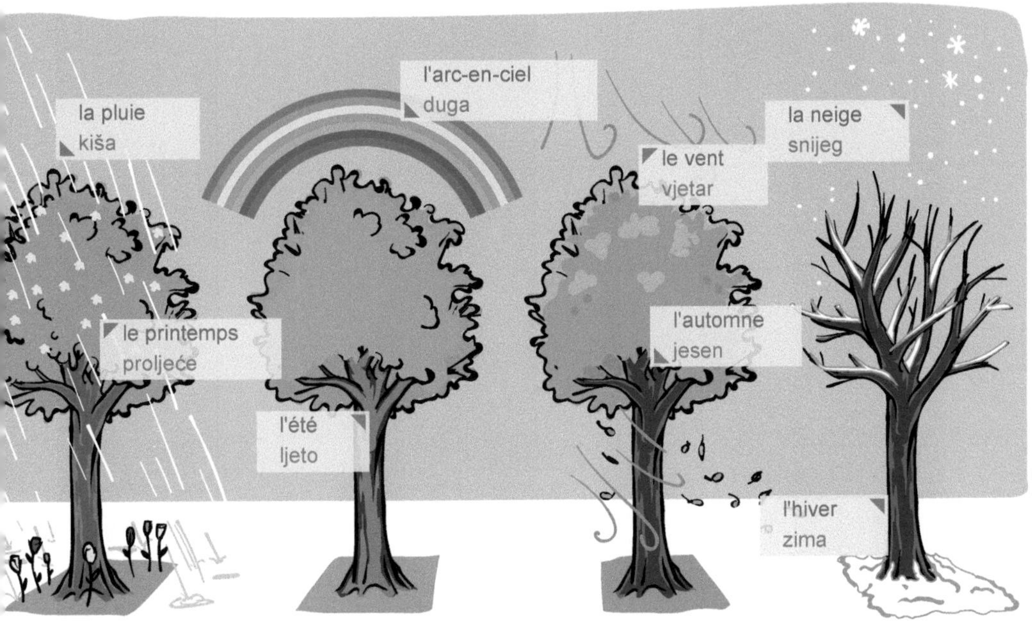

la météo

prognoza vremena

F C
120 40
90 30
60 20
30 10
0 0
-30 -10
-20

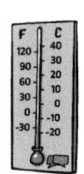

le thermomètre

termometar

la lumière du soleil

sunčev sjaj

le nuage

oblak

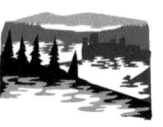

le brouillard

magla

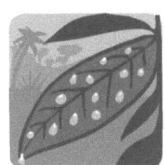

l'humidité

vlažnost vazduha

la foudre

munja

la tonnerre

grom

la tempête

oluja

la grêle

tuča, led

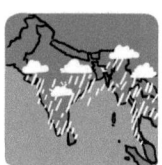

la mousson

monsun

l'inondation

poplava

la glace

led

janvier

januar

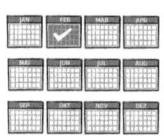

février

februar

mars

mart

avril

april

mai

maj

juin

juni

juillet

juli

août

avgust

septembre
........................
septembar

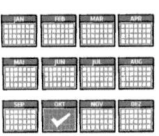

octobre
........................
oktobar

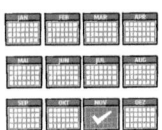

novembre
........................
novembar

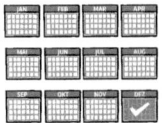

décembre
........................
decembar

## les formes

## oblici

le cercle
........................
krug

le carré
........................
kvadrat

le rectangle
........................
pravougao

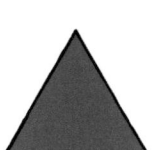

le triangle
........................
trougao

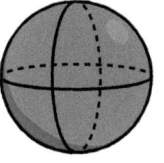

la sphère
........................
kugla

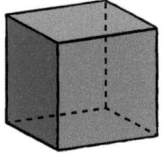

le cube
........................
kocka

blanc

bjel

jaune

žut

orange

narandžast

rose

pink

rouge

crven

violet

ljubičast

bleu

plav

vert

zelen

marron

smeđ

gris

siv

noir

crn

beaucoup / peu

malo / mnogo

fâché / calme

ljutit / miran

joli / laid

lijep / ružan

le début / la fin

početak / kraj

grand / petit

veliki / mali

clair / obscure

svijetlo / tamno

frère / soeur

brat / sestra

propre / sale

čist / prljav

complet / incomplet

potpun / nepotpun

le jour / la nuit

dan / noć

mort / vivant

mrtav / živ

large / étroit

široko / usko

comestible / incomestible

ukusno / neukusno

méchant / gentil

zao / prijatan

excité / ennuyé

uzbuđen / dosadan

gros / mince

debeo / mršav

le premier / le dernier

najprije / najkasnije

l'ami / l'ennemi

prijatelj / neprijatelj

plein / vide

pun / prazan

dur / souple

trvd / mekan

lourd / léger

težak / lagan

faim / soif

glad / žeđ

malade / sain

bolestan / zdrav

illégal / légal

ilegalan / legalan

intelligent / stupide

inteligentan / glup

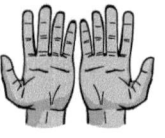

gauche / droite

lijevo / desno

proche / loin

blizu / daleko

nouveau / usé
nov / polovan

rien / quelque chose
ništa / nešto

vieux / jeune
star / mlad

marche / arrêt
uključeno / isključeno

ouvert / fermé
otvoreno / zatvoreno

faible / fort
tiho / glasno

riche / pauvre
bogat / siromašan

correct / incorrect
tačno / pogrešno

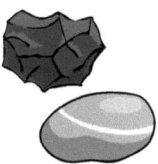

rugueux / lisse
hrapav / glatak

triste / heureux
tužan / srećan

court / long
kratak / dug

lent / rapide
spor / brz

mouillé / sec
mokro / suho

chaud / froid
toplo / hladno

la guerre / la paix
rat / mir

## brojevi

| **0** | **1** | **2** |
|:---:|:---:|:---:|
| zéro | un / une | deux |
| nula | jedan | dva |

| **3** | **4** | **5** |
|:---:|:---:|:---:|
| trois | quatre | cinq |
| tri | četiri | pet |

| **6** | **7** | **8** |
|:---:|:---:|:---:|
| six | sept | huit |
| šest | sedam | osam |

| **9** | **10** | **11** |
|:---:|:---:|:---:|
| neuf | dix | onze |
| devet | deset | jedanaest |

**12**

douze

dvanaest

**13**

treize

trinaest

**14**

quatorze

četrnaest

**15**

quinze

petnaest

**16**

seize

šesnaest

**17**

dix-sept

sedamnaest

**18**

dix-huit

osamnaest

**19**

dix-neuf

devetnaest

**20**

vingt

dvadeset

**100**

cent

sto

**1.000**

mille

hiljada

**1.000.000**

le million

milion

les nombres - brojevi

l'anglais

engleski

l'anglais américain

američki engleski

le chinois mandarin

kinesko mandarinski

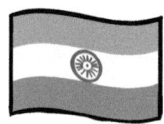

le hindi

hindi

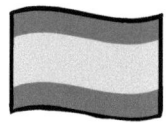

l'espagnol

španski

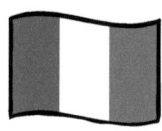

le français

francuski

l'arabe

arapski

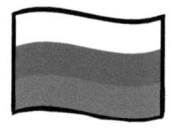

le russe

ruski

le portugais

portugalski

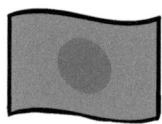

le bengali

bengalski

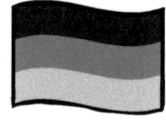

l'allemand

njemački

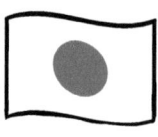

le japonais

japanski

je
ja

tu
ti

il / elle / ce, c', cela
on / ona / ono

nous
mi

vous
vi

ils / elles
oni

Qui ?
ko?

Quoi ?
šta?

Comment ?
kako?

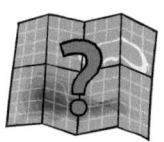

Où ?
gdje?

Quand ?
kada?

le nom
ime

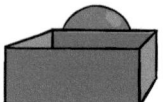

derrière

iza

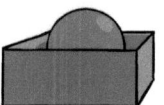

dans

u

devant

pred

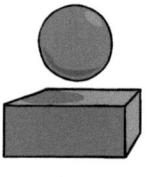

au-dessus

iznad

sur

na

en-dessous

ispod

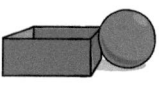

à côté de

pored

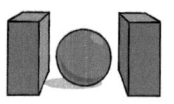

entre

između

le lieu

mjesto